ANSIEDADE

Pare Completamente Sua Ansiedade, Fobias E
Ataques De Pânico

(Acabe Com A Ansiedade Social, Estresse E
Depressão, E Liberte-se Hoje)

Brock Ned

Traduzido por Daniel Heath

Brock Ned

*Ansiedade: Pare Completamente Sua Ansiedade, Fobias E
Ataques De Pânico (Acabe Com A Ansiedade Social, Estresse
E Depressão, E Liberte-se Hoje)*

ISBN 978-1-989837-39-9

Termos e Condições

todos os direitos autorais não detidos pelo editor.

Aviso Legal:

Este livro é protegido por direitos autorais. Ele é designado exclusivamente para uso pessoal. Você não pode alterar, distribuir, vender, usar, citar ou parafrasear qualquer parte ou o conteúdo deste ebook sem o consentimento do autor ou proprietário dos direitos autorais. Ações legais poderão ser tomadas caso isso seja violado.

Termos de Responsabilidade:

Observe também que as informações contidas neste documento são apenas para fins educacionais e de entretenimento. Todo esforço foi feito para fornecer informações completas precisas, atualizadas e confiáveis. Nenhuma garantia de qualquer tipo é expressa ou mesmo implícita. Os leitores reconhecem que o autor não está envolvido na prestação de aconselhamento jurídico, financeiro, médico ou profissional.

Índice

Parte 1

Introdução

Quero agradecer e parabenizá-lo por baixar o livro.

Este livro irá ajudá-lo a entender melhor a ansiedade e você aprenderá etapas e estratégias comprovadas sobre como superar a ansiedade, preocupação e ataques de pânico.

As estratégias descritas neste livro vieram das pesquisas mais recentes neste campo. Eu escrevi este livro como sofria de ansiedade e ataques de pânico. Eu trabalho em um ambiente de alta pressão e descobri que usar essas estratégias me ajudou muito. Espero poder compartilhar o que aprendi para ajudar outras pessoas a superar sua própria ansiedade.

Obrigado novamente por baixar este livro, espero que você goste!

1. Transtorno de Ansiedade Generalizada (TAG)

Este problema envolve um constante sentimento de ansiedade, acompanhado por preocupação exagerada irrealista e duradoura sobre questões como saúde pessoal e segurança, segurança dos membros da família, questões relacionadas a dinheiro, ocorrência de acidentes, etc. Geralmente, eles são seguidos por sintomas físicos. relacionado à ansiedade, como dores no corpo, estar nervoso e tremendo.

2. Transtorno do Pânico

Ataques de pânico que aparecem do nada sem razão aparente são chamados de transtorno do pânico. Alguns dos sintomas físicos de tais ataques incluem tremores e agitações, sudorese, dor no peito e palpitações cardíacas (batimentos cardíacos acelerados). No caso de tal ataque, muitas pessoas acreditam que estão sofrendo um derrame ou ataque cardíaco, morrendo ou enlouquecendo. A ansiedade geral aumenta por causado medo e a preocupação de outro ataque.

3. Fobias

Fobias são medos sobre certas coisas. Eles podem ser específicos. Por exemplo, medo de cobras, aranhas e cachorros. Estas são fobias simples. O medo também pode envolver várias situações generalizadas. Abaixo estão alguns exemplos.

• Agorafobia - medo de lugares abertos / ao ar livre ou situações em que a fuga parece difícil.

• Fobia social / transtorno de ansiedade social - envolve situações sociais em que se pode ter o medo de fazer as coisas na presença de outras pessoas com a possibilidade de julgá-las, criticá-las, ridicularizá-las ou rejeitá-las.

• Glossofobia - comumente conhecida como ansiedade de desempenho, envolve o medo de falar em público.

• Acrofobia - este é o medo das alturas. Pessoas acrofóbicas evitam andares mais altos de edifícios, pontes ou montanhas.

• Claustrofobia - medo de espaços apertados ou recintos. Quando atingido por claustrofobia grave, pode-se até mesmo evitar elevadores ou andar em carros.

• Nyctophobia - medo da escuridão ou da noite. Isso geralmente começa como um medo de infância e quando progride além do estágio da adolescência, é chamado de fobia.

4. Transtorno Obsessivo Compulsivo (TOC)

Uma pessoa com TOC é movida por pensamentos ou sensações incontroláveis e recorrentes (obsessões) e por comportamentos repetitivos (compulsões) que os fazem querer repetir certas atividades como limpeza e lavagem das mãos repetidas vezes. Muitas vezes as compulsões são completadas de uma maneira ritualística muito específica. Por exemplo, puxando a maçaneta da porta seis vezes para garantir que ela esteja trancada corretamente.

5. Transtorno de Estresse Pós-Traumático (TEPT)

Quando uma pessoa experimenta um incidente traumático, ele ou ela revive esse evento através de pesadelos ou flashbacks. Isso poderia resultar na evitação de situações relacionadas e poderia levar a sintomas físicos de ansiedade e entorpecimento emocional.

Embora as crenças atuais sobre esses problemas limitem a lista apenas aos cinco acima, a depressão deve realmente ser incluída. A conexão entre depressão e ansiedade é agora muito bem reconhecida que os antidepressivos (medicamentos para depressão) são freqüentemente encontrados nas prescrições de ansiedade. Transtornos alimentares também devem ser contados entre os outros como ansiedade inicia problemas de dieta constante para conforto comendo todo o jeito até a compulsão alimentar levar para outros problemas de saúde como bulimia e anorexia nervosa.

Capítulo 2
O que é ansiedade?

Segundo a American Psychological Association (APA), a ansiedade é definida como "uma emoção caracterizada por sentimentos de tensão, pensamentos preocupados e mudanças físicas, como aumento da pressão arterial".

Ansiedades, preocupações e medos são emoções comuns que todos nós enfrentamos em algum momento de nossas vidas. Eles são razoáveis e até vitais às vezes para sobrevivência. Como mencionado anteriormente, elas são reações normais á ameaças, perigo ou estresse e só se tornam um problema quando são experimentadas em grande escala sobre algo racional. Por exemplo, se um grupo de crianças anda nos trilhos de trem e ouve um trem se aproximando e teme que ele possa atingi-los e temem por suas vidas enquanto experimenta ansiedade, isso é muito normal. No entanto, o mesmo não poderia ser dito se eles estão sentados em segurança em um carro passando por uma pista diferente.

Preocupação, ansiedade e medo são três elementos que estimulam a liberação de adrenalina - um hormônio que inicia mudanças mentais e físicas que nos preparam para combater um desafio ou fugir de uma situação hostil. Quando o perigo ou estresse passa, essas mudanças de curto prazo desaparecem. Nossos ancestrais tiveram que enfrentar uma quantidade substancial se ameaças como vizinhos hostis e animais selvagens. Por isso, a resposta de luta ou fuga era muito apropriada para eles. O tipo de estresse que enfrentamos hoje é mais sutil: problemas domésticos, perda de emprego, atrasos e prazos. No entanto, também sofremos as mesmas mudanças mentais, comportamentais e corporais que eles.

Várias pessoas com problemas de depressão e ansiedade sofrem de baixa auto-estima e acreditam que seja um sinal desses problemas. Na verdade, é muito mais que isso. Duvidar-se da forma como age, pensa e se comporta pode desempenhar um papel vital no crescimento e desenvolvimento de sintomas intensos de ansiedade observados em muitos casos de depressão e problemas de ansiedade. Se analisarmos as causas da ansiedade, pode-se dizer que, para certas pessoas, a ansiedade pode estar ligada a um problema de saúde já existente. Em alguns casos, sinais e sintomas de ansiedade são os indicadores iniciais de uma condição de saúde. Seu médico pode pedir exames se suspeitar de ansiedade relacionada a algum problema médico. Alguns dos problemas de saúde que podem ter um link para ansiedade incluem:

• Uso indevido / retirada de drogas

• Diabetes

•Doença cardíaca

• Distúrbios respiratórios (Doença Pulmonar Obstrutiva Crônica (DPOC), asma)

• Problemas de tireóide (hipertireoidismo)

A ansiedade também pode ser um efeito colateral de algumasdrogas ou medicamentos. É provável que a sua ansiedade seja causada por uma condição médica oculta se:

• Você experimenta ansiedade súbita em relação a eventos de vida não relacionados e não teve um histórico relacionado à ansiedade.

• Você não evita coisas ou situações específicas devido à ansiedade.

• Você não sofreu de nenhum transtorno de ansiedade durante a infância.

• Você não tem parentes de sangue (pai / irmão) com transtornos de ansiedade.

No entanto, existem alguns fatores de risco que podem aumentar suas chances de desenvolver transtornos de ansiedade. Eles são os seguintes.

• Acúmulo de estresse
• Trauma
• Outras doenças mentais como depressão
• Drogas ou álcool
• Parentes de sangue com um transtorno de ansiedade
• Estresse devido a uma doença

•Personalidade

capítulo 3

Sintomas de ansiedade

Os sintomas de ansiedade estão associados a lidar ou evitar riscos que envolvem nossa mente, corpo e comportamento. As mudanças corporais que podemos experimentar durante um ataque de ansiedade estão listadas abaixo.

• Aumento da tensão muscular

• Respiração rápida

• Batimentos cardíacos

• Tontura e enxaqueca

•Borboletas no estomago

• Sentir-se doente e ter vontade de usar o banheiro

• Boca seca e dificuldade em engolir

• Aumento da transpiração

• Sentir-se "nervoso", "agitado" ou "tenso"

Ataques de pânico a longo prazo e ansiedade podem desencadear seu cérebro para continuar liberando hormônios do estresse em uma base diária. Isso pode resultar no aumento da frequência de sintomas como dores de cabeça, depressão e tontura. Quando os sentimentos de estresse e ansiedade tomam conta, seu cérebro libera substâncias químicas e hormônios, como adrenalina e cortisol, no sistema nervoso. Essas substâncias são projetadas para ajudá-lo a responder a uma ameaça ou perigo iminente. Embora útil durante situações aleatórias de alto estresse, a exposição a longo prazo pode ser perigosa para o seu bem-estar físico, particularmente a longo prazo. Um exemplo disso é o cortisol. A exposição prolongada a esse hormônio pode causar ganho de peso. Como os transtornos de ansiedade podem resultar em dor no peito, palpitações e ritmo cardíaco acelerado, a probabilidade de ter doenças cardíacas e pressão alta é maior.

Se você já tem uma doença cardíaca, os transtornos de ansiedade podem aumentar as chances de eventos coronarianos. A ansiedade também influencia seus sistemas digestivo e excretor. Você pode sentir diarréia, náusea, dor de estômago, perda de apetite e outros problemas digestivos. Poderia haver uma ligação entre o crescimento da síndrome do intestino irritável (SCI) e transtornos de ansiedade após uma infecção intestinal. Constipação, diarréia e vômito podem ser causados pelo SCI. Quando o hormônio de luta ou fuga é liberado durante um ataque de ansiedade, ele eleva o pulso e a frequência cardíaca por um curto período, permitindo que o cérebro obtenha mais oxigênio. Isso permite que você responda a uma situação complicada de maneira apropriada.

Além disso, seu sistema imunológico também pode estar recebendo um impulso rápido. Quando o estresse passa, seu corpo volta ao seu funcionamento normal. Mas se você se sentir estressado e ansioso por muito tempo repetidamente, seu corpo não receberá o sinal para retornar ao seu estado normal. Isso pode enfraquecer o sistema imunológico, tornando-o mais propenso a doenças freqüentes e infecções virais. Além disso, as vacinas regulares serão inúteis. Outro efeito da ansiedade é a respiração superficial e rápida. Uma pessoa com DPOC pode estar em risco elevado de ser hospitalizada devido a complicações envolvendo ansiedade. A ansiedade também pode piorar os sintomas da asma. As mudanças psicológicas relacionadas ao estresse são as mudanças na maneira como você pensa e sente, o que o ajudará a enfrentar condições estressantes. Quando desafiado sob estresse ou em perigo, seu pensamento se torna altamente focado e também pode haver espaço para melhoria na resolução de problemas e concentração. Este é um estado de espírito perfeito para enfrentar um grave desafio. Por exemplo, pais retendo seus filhos para impedi-los de atravessar uma rua, um líder tomando uma decisão crítica sobre um problema premente no país, um cirurgião operando em um paciente etc. Se a resposta ao estresse for ignorada, suas reações podem acabar sendo descuidadas.

Uma mistura de respostas emocionais, como aumento da irritabilidade e uma sensação de bem-estar, pode ser experimentada devido ao estresse. Alguns exemplos incluem uma adolescente excitada vendo um clipe de vídeo assustador, uma executiva se tornando exultante quando ela termina sua tarefa sob um prazo apertado e uma mãe estressada se tornando temperamental com seus filhos.

No que diz respeito às respostas comportamentais ao perigo ou ao estresse, ele geralmente ocorre sob a forma de vigilância ou fuga (luta ou fuga). Vamos ver um exemplo. Se eu vir um bumerangue voando em minha direção com força total, vou conseguir um impulso de energia e sair do caminho para escapar. Se eu estiver empinando uma pipa e o vento estiver puxando para as outras pipas no mesmo espaço, vou ficar determinado a segurar a corda com firmeza e puxá-la para evitar que a minha pipa fique embolada com os outros. Estas são reações fundamentais e se tais mudanças não acontecem no meu comportamento, eu possivelmente acabaria tendo um rosto ferido e uma pipa rasgada. Portanto, pode-se concluir que as reações comportamentais, mentais e corporais ao estresse não são nada fora do comum, benéficas e muitas vezes importantes. Quanto mais nos submetemos ao estresse, mais aprimoramos nossa capacidade de administrar o estresse até certo ponto.

Capítulo 4
Gerenciamento de ataques de pânico

A maioria de nós pode experimentar um ou dois ataques de pânico durante a nossa vida e episódios tão breves não resultam em sérias conseqüências. No entanto, para alguns isso acontece muito e felizmente há muitas opções de tratamento para evitá-los. Os médicos geralmente tratam os ataques de pânico começando com uma terapia psicológica e medicamentos - às vezes até os dois. Seja qual for o caminho que você e seu médico escolherem, deve ser entendido que requer tempo para trabalhar e, portanto, a paciência é uma necessidade absoluta. Quando os pacientes seguem seus planos de tratamento com sucesso, a maioria encontra alívio e acaba não tendo problemas permanentes.

O coração batendo e outros desconfortos sentidos durante um ataque podem ser semelhantes a outras doenças, como doenças cardíacas. Portanto, seu médico provavelmente iniciará seu tratamento com um exame físico completo. Isso ajuda a garantir que os sinais e sintomas não sejam a fonte de uma doença da qual você não esteja ciente. Se tais doenças médicas não parecem ser a causa, seu médico pode direcioná-lo a um psiquiatra ou psicólogo treinado em lidar com ataques de pânico. O médico então combinará suas observações pessoais com a opinião do profissional para diagnosticar o problema.

Se alguém tiver ataques repetidos, a condição é chamada de transtorno do pânico. O tratamento basicamente começa com uma "terapia da fala". Você será solicitado a encontrar um conselheiro que irá explicar sobre o transtorno do pânico e como lidar com isso. Conforme o tratamento progride, a terapia pode ajudá-lo a identificar os sentimentos, pensamentos ou situações que desencadeiam os ataques. Uma vez determinados, esses gatilhos ficarão impotentes para causar problemas.

O acompanhamento também pode fazer com que você entenda que os efeitos físicos dos ataques não afetam você de verdade. Com a ajuda de seu terapeuta, sua jornada para a cura será segura e gradual. Isso pode até impedir que os ataques ocorram. Você aprenderá algumas técnicas de relaxamento para lidar com ataques sempre que eles aparecerem. Por exemplo, se você aprender a controlar sua respiração, isso pode tornar o ataque menos ruim. Pode até reduzir as chances de você ter outro. É importante que você pratique estas etapas em sua vida diária para obter o máximo benefício. Para reduzir os sintomas físicos durante os ataques, seu médico pode tentar introduzir medicação em sua terapia. Pode estar entre os passos iniciais. O seguinte pode ser prescrito.

• Um antidepressivo - a primeira escolha habitual para evitar ataques de pânico no futuro.

• Um medicamento de prescrição anti-ansiedade, como o benzodiazepínico. Os médicos podem aconselhar a tomar outros medicamentos para pacientes com transtornos por uso de substâncias.

• Medicina - no caso de um batimento cardíaco irregular, isso pode ajudar a nivelar o problema.

Você pode ter que tentar diferentes medicamentos ao invés descobrir um que funciona melhor para você. Algumas pessoas se dão bem com vários medicamentos. Além de seu regime de tratamento, existem algumas outras mudanças que você poderia fazer em seu estilo de vida para ajudar a aliviar os ataques. Eles estão listados como segue.

• respiração profunda ou yoga para relaxar e diminuir o estresse em seu corpo.

• Exercício pode acalmar sua mente e potencialmente aliviar os efeitos colaterais de medicamentos como ganho de peso.

• Evite fumar, drogas recreativas, cafeína e bebidas alcoólicas que possam desencadear ataques.

• Tenha uma boa noite de sono para evitar sentir-se mal-humorado durante o dia.

Alguns pesquisadores indicam que a acupuntura, uma prática chinesa de inserção de agulha no corpo para controlar o fluxo de energia, também pode ajudar. Além disso, quando se trata de suplementos alimentares, não há muita pesquisa provando que eles trabalham para diminuir os ataques de pânico. Mesmo que um chamado inositol exiba uma probabilidade em pequenos estudos, é muito cedo para concluir o quão eficiente ele é. Antes de experimentar qualquer suplemento, é melhor consultar o seu médico para evitar qualquer tipo de conflito com medicação ou efeitos colaterais. Enquanto você está em tratamento, envolva-se com pessoas que podem ajudar. Um grupo de apoio pode ajudá-lo a se conectar com outras pessoas experimentando a mesma coisa que você mesmo e obtendo força.

Os profissionais de saúde incentivam as opções de tratamento que incluem seus entes queridos (cônjuges, familiares, parceiros), pois podem até mesmo ajudá-lo a praticar técnicas de relaxamento ou habilidades diferentes. Se você tem um membro da família que está sofrendo ataques de pânico, não repreenda ou julgue-os. É importante ser paciente. Tente entender seus sinais de estresse, a fim de olhar para eles. Se eles tiverem um ataque de pânico, permaneça calmo e consigaa ajuda.

Ataques de pânico levam tempo para curar. Os resultados podem ser visíveis em cerca de 10 a 20 semanas após sessões de terapia semanais. Alguns estudos exibem melhorias apenas após doze semanas. Depois disso, um enorme progresso será notado após um ano. Tudo se resume a uma coisa: manter seus planos de tratamento com os olhos colados ao objetivo.

CAPÍTULO 5
Gerenciando a ansiedade por conta própria

1. Conscientização e automonitoramento

As intervenções de autogerenciamento são referidas como aquelas em que os indivíduos estão aprendendo certas habilidades para avaliar e analisar seu próprio comportamento com a ideia de maximizar sua independência. O automonitoramento (AMG) é a configuração mais básica e popular que se enquadra na categoria de intervenções de autogerenciamento. De acordo com Baskett (1985), AMG é definido como "A capacidade de conhecer e rotular corretamente o próprio comportamento". A AMG inclui idealmente a auto-observação (por exemplo, auto-reflexão e avaliação do próprio comportamento), bem como a auto-gravação (por exemplo, em um papel). Este último ajuda a identificar a frequência do comportamento e suas conseqüências. Quando se ensina aos indivíduos estratégias que eles poderiam praticar independentemente para melhorar seu comportamento, isso poderia resultar em grande autocontrole e sucesso a longo prazo, além de melhorar as habilidades gerenciais generalizadas e a autoconfiança.

Vários benefícios práticos existem na implementação do AMG. Por exemplo, requer menos comprometimento de tempo para o processo de implementação e manutenção, sem a necessidade de materiais extensivos sofisticados. Também é conveniente e requer um mínimo de esforço para os terapeutas, em vez de usar intervenções complexas ou invasivas para entender as mudanças no comportamento de um paciente. A AMG também é benéfica ao observar e avaliar o comportamento de uma pessoa em relação aos antecedentes e consequências e procurar maneiras de mudar um comportamento em relação a um plano de tratamento de grande porte. A AMG também pode ajudar no fornecimento de feedback ou sugestões sobre o que deve ser alterado e o quão bem está prestes a acontecer. Se o paciente mantiver registros escritos, como diário ou anotações no diário, é provável que causem impacto no comportamento do indivíduo, permitindo-lhe agir seletivamente sobre ele.

2. Distração

Uma técnica de distração é permitir-se envolver-se em qualquer tipo de atividade que tire sua mente das emoções presentes. Isso é simplesmente redefinir seu foco em outra coisa, em vez de descarregar sua energia em algo perturbador. Ao se distrair, torna-se possível para você lidar com as emoções da sua corda, direcionando sua atenção para outro lugar. Geralmente, técnicas de distração são acopladas a outras estratégias de gerenciamento. Por exemplo, se o seu foco for direcionado para algum lugar e a gravidade da emoção tiver diminuído, agora é hora de administrar essa emoção em um bom ritmo. Algumas das técnicas de distração que podem ser úteis estão listadas abaixo.

• Uso de entretenimento - tente assistir a um filme ou a alguns programas na TV se a leitura não parecer ajudar. A música pode ajudar a acalmar sua mente. Folheando as páginas de revistas interessantes ou de se engajar em um videogame até que suas emoções avassaladoras passem são poucas outras opções disponíveis.

• Pratique exercício físico - para combater as cordas emocionais, tente praticar algum tipo de exercício. Tente dar um passeio lá fora, alongando algumas poses de ioga ou batendo na academia. Se você não tiver muito tempo, tente fazer alguns abdominais ou polichinelo.

• Prosseguir a criatividade - você pode sentir a diminuição das emoções quando se dedica a algo criativo, como artes ou ofícios. Você também pode tentar completar palavras cruzadas, jogos de palavras ou quizzes desafiadores da mente ou jogos como o Sudoku.

• Escrevê-lo - muitas vezes, os exercícios de escrita são considerados ferramentas poderosas para a distração da mente. A redação do diário pode ajudar o seu eu emocional a recentrar-se e sintonizar-se para lidar com suas emoções ao escrever.

• Fale com alguém - tente ligar para um ente querido ou para um amigo seu. Abster-se de falar sobre suas emoções negativas atuais. Em vez disso, pergunte sobre sua vida e veja como isso te distrai.

3. Assertividade

Assertividade é um estilo de comunicação em que a pessoa é capaz de expressar seus pensamentos, sentimentos, crenças e opiniões de maneira verdadeira, mas respeitando os outros. Assertividade não é nem passiva nem agressiva. É uma maneira de expressar abertamente seus pensamentos e opiniões com calma e envolve ouvir profundamente os outros antes de responder. Assertividade inclui gestos expressivos, linguagem corporal aberta e bom contato visual. Embora pedimos assertivamente para o que desejamos dos outros, não devemos fazê-lo desrespeitando-os. Se houver uma situação em que o desacordo persista, tente se comprometer. Existem várias técnicas de Terapia Comportamental

Cognitiva que podem ajudá-lo a se tornar mais assertivo. Por exemplo, faça uso da técnica do "registro quebrado" para tornar-se mais assertivo a um indivíduo exigente ou desafiador.

• Primeiramente, declare o que você quer ou não quer que ocorra claramente com o uso de declarações "eu". Por exemplo, "não tenho tempo para lavar seu carro antes das 16h de hoje".

• Deixe espaço para a outra pessoa falar e se ela se recusar a aceitar seu pedido, tente reformular sua frase. "Eu entendo que você quer que seja lavado hoje, mas eu sou incapaz de fazê-lo."

• Agora, a outra pessoa pode tentar controlar ou incapacitar você. Mesmo assim, mantenha sua assertividade e responda "Receio que isso não esteja relacionado à causa principal - ou seja, não posso lavar seu carro".

• Não permita que as respostas da outra pessoa o interrompam ou confundam. Repita o que você quer dizer sem inventar desculpas para a tarefa exigida por você.

Em muitos dos casos, a outra pessoa concordará em ceder.

4. boa noite de sono

Insônia pode causar sérias implicações nos níveis de ansiedade. Uma pesquisa indica que a privação de sono aumenta o estado de depressão, ansiedade e níveis normais de estresse em comparação com aqueles que passam uma noite normal com o sono. Outra pesquisa indicou que os indivíduos privados de sono relataram níveis mais altos de ansiedade durante as atividades e indicaram que as chances de catástrofes potenciais são maiores quando em estado de privação de sono do que quando estão descansando.

O nível de sono que você tem todas as noites também determinará quão bem você poderia lidar com o estresse e a ansiedade. A privação de sono em uma pessoa que teve muito pouco sono funciona como um estressor crônico que enfraquece as atividades do cérebro e facilita uma sobrecarga nos sistemas do corpo. Esse acumulo promove depressão, confusão, nevoeiro cerebral e perda de memória, dificultando o indivíduo a lidar com o estresse. Além disso, a privação do sono contribui para o desequilíbrio hormonal que eleva ainda mais os níveis de ansiedade. Muito menos sono também poderia aumentar os níveis de adrenalina, o que poderia piorar os problemas existentes em relação à ansiedade. Questões relacionadas ao sono também ocorrem entre a maioria das pessoas que sofrem de depressão. Pessoas com depressão muitas vezes têm insônia e acordam durante as primeiras horas da madrugada e acham muito difícil adormecer novamente. Além disso, os sintomas originados de transtornos mentais são influenciados pela quantidade de sono que recebemos. Por exemplo, o sono interrompido pode causar hiperatividade e agitação em indivíduos que sofrem de depressão maníaca. A privação extrema do sono em indivíduos saudáveis pode resultar em alucinações e um estado psicótico de paranóia.

Abaixo estão algumas dicas para melhorar o sono para lidar com a ansiedade.

- Movimento: sabe-se que o exercício melhora o sono e diminui a ansiedade. No entanto, não se exercite antes de ir para a cama, pois isso pode mantê-lo acordado. Fazê-lo de manhã ou à tarde ajudará a regular o seu ciclo de sono enquanto cura a apnéia do sono ou a insônia.

- Controle o seu ambiente: controlar o som, a luz e a temperatura proporcionam uma boa noite de sono. Ambiente fresco, silencioso e escuro acalma sua mente para adormecer. Se possível, tome um banho antes de dormir, pois pode esfriar seu corpo e ajudar a fazer você adormecer em breve.

- Limite a ingestão de álcool e cafeína: o consumo de cafeína em quantidades elevadas ou tarde da noite pode inibir o sono e aumentar seus níveis de ansiedade. O consumo de álcool antes de dormir pode elevar sua frequência cardíaca e impedir que você adormeça. Beber muita água durante o dia não é problema, mas não beba muito antes de ir para a cama, pois muitas idas ao banheiro podem incomodar você.

• Restringir o tempo de tela: a luz emitida por aparelhos eletrônicos como TV, tablet, telefone e computador mantém o cérebro em estado desperto. Por isso, tente limitar seu uso antes de uma hora para dormir. Tente desligar as telas mais cedo e procure outras alternativas, como ler um livro ou ouvir música para acalmar sua mente antes de dormir.

• Planeje suas refeições: tenha um plano de refeições consistente. Se você adiar suas refeições muito tarde, isso pode ativar o sistema nervoso e dificultar o seu sono mais tarde. Tente jantar três horas antes de ir para a cama.

Práticas Meditativas

As técnicas de meditação são consideradas uma das ferramentas mais poderosas para reduzir o pânico e a ansiedade. Yoga nidra, um processo de relaxamento profundo é pensado para ser o mais eficaz, especialmente quando se está sentindo muito inquieto com uma mente corrida. Embora existam certos equívocos sobre a meditação, sendo um deles que você tem que se forçar a bloquear certos "pensamentos" para que funcione, muitos ainda continuam praticando até colherem os benefícios reais naturalmente.

As técnicas de meditação e respiração profunda têm vários benefícios para aliviar a ansiedade. Um aspecto é que ele ensina você a observar o que está acontecendo dentro de sua mente e corpo sem sobrecarregá-lo com sentimentos ou pensamentos vinculados a eles. Uma vez que você se conscientize de seus sentimentos, você começa a perceber que você é sua irritabilidade, raiva, dor, etc. e estes são apenas uma parte que define você - sua identidade. Você pode optar por ignorá-los, a menos que você os queira por perto.

Meditação auxilia na construção de uma consciência sobre os casos em que ocorrem pensamentos inúteis e promover a capacidade de evitá-los. Durante a meditação, seu corpo pega algum tempo de sua agenda ocupada para normalizar e para aliviar o estresse, facilitando os mecanismos de cura do corpo para assumir o controle, a fim de operar com eficiência. Embora isso aconteça durante o nosso sono todas as noites, a meditação proporciona um descanso profundo tão necessário para uma mente mal-humorada.

Capítulo 6
Intervenção Médica

Psicoterapia

Psicoterapia, terapia da fala ou aconselhamento psicológico envolve interação terapêutica com um terapeuta para diminuir os sintomas de ansiedade. Existem vários tipos diferentes de opções de reabilitação e tratamento para a ansiedade, mas a psicoterapia é considerada o método mais eficiente e popular desde o início do século XX. Se acontecer de você estar entre os 40 milhões de adultos que sofrem de ansiedade e planejarem se submeter à psicoterapia, é melhor entender os diferentes tipos e como cada um pode atender às suas necessidades.

• Terapia Comportamental Cognitiva (TCC)
A TCC é um tratamento psicoterapêutico que envolve a exploração de padrões de pensamento que resultam em respostas inadequadas dentro de uma pessoa. Essa é uma suposição de que a ansiedade ocorre como consequência de respostas mal-

adaptativas em relação ao pensamento negativo ou impreciso que leva ao comportamento disfuncional. TCC desempenha o seu papel, abordando os pensamentos e emoções que resultam em reações contraproducentes ao estudar as conexões entre esses pensamentos e comportamentos. Portanto, é uma estratégia focada em problemas que substitui respostas inadequadas por técnicas produtivas, favorecendo o comportamento orientado por objetivos.

- Terapia exposta

Esta terapia trata pacientes com transtornos de ansiedade, expondo-os aos seus medos de uma maneira muito mais controlada e sistemática. O cérebro envia sinais inadequados de perigo durante um evento de um ataque de ansiedade quando não está realmente presente. A terapia exposta trabalha para combater esses sinais imprecisos, enfrentando o medo. O objetivo dessa técnica é eliminar ou diminuir a reação de medo de um indivíduo, expondo-a gradualmente de maneira segura. Uma vez que o medo está sendo eliminado, o paciente seria capaz de enfrentar a situação repetidamente sem evitação ou medo. A erradicação de uma resposta de medo é conhecida como extinção.

• Mindfulness Baseado a redução do estresse (MBSR)

A ansiedade também pode ser resultado de atividades cognitivas automáticas e disfuncionais que iniciam respostas inadequadas. Mindfulness(Atenção plena) torna as pessoas conscientes de seus sentimentos, sensações e pensamentos de um momento para outro sem culpa ou julgamento. Esta prática tem como objetivo alcançar um estado mais elevado em termos de consciência para o momento atual. Desviar a atenção do futuro ou do passado e direcioná-la para o presente poderia ajudar a conquistar um estado mental mais elevado. Vejamos uma prática simples para aumentar a Mindfulness. Dirija sua atenção da ponta do seu corpo (pés) para a outra extremidade (cabeça). Ao fazê-lo, tente sentir as sensações fluindo pelo resto do seu corpo. A autoconsciência ensina como lidar e alterar os processos de pensamento a longo prazo.

• Terapia de Aceitação e Compromisso (TAC)

Esta é uma forma de psicoterapia de mindfulness destinada a orientar os indivíduos a acolher desafios e experiências negativos. Uma boa sensação de bem-estar pode ser obtida aprendendo a lidar com situações e emoções negativas. TAC está prestes a se comprometer com a mudança. O aspecto do comprometimento na TAC é bem parecido com as outras abordagens comportamentais, mais do que as abordagens do mindfulness. Reconhecer valores pessoais e formar metas para alcançá-los são os primeiros passos para o compromisso. Através da aceitação, os pacientes são ensinados a deixar seus pensamentos e sentimentos fluírem sem reagir e aceitar desafios na vida sem fugir. Esta técnica incentiva os indivíduos a preparar objetivos pessoais e orientá-los a seguir adiante.

Medicamentos

Para o tratamento do transtorno de ansiedade generalizada, muitos tipos diferentes de medicamentos são prescritos pelos médicos. É crucial conversar com seu médico sobre os possíveis efeitos colaterais, riscos e benefícios dos medicamentos prescritos ou prestes a serem prescritos para você. Abaixo estão alguns exemplos de medicamentos para ansiedade.

• Antidepressivos - exemplos incluem paroxetina (Paxil, Pexeva), venlafaxina (Effexor XR), duloxetina (Cymbalta) e escitalopram (Lexapro).

• Buspirona - isto pode ser prescrito para ser tomado regularmente. Assim como a maioria dos antidepressivos, isso pode levar até muitas semanas para exibir resultados eficientes.

• Benzodiazepínicos - sob circunstâncias restritas, o benzodiazepínico pode ser prescrito como medicação de alívio para os sintomas de ansiedade. Eles geralmente são dados como um sedativo para tratar a ansiedade aguda por um breve período. Uma vez que eles poderiam ser viciante, estes medicamentos podem não ser a melhor escolha, especialmente se você tivesse problemas com abuso de drogas ou álcool.

Conclusão

Obrigado novamente por baixar este livro! Espero que este livro tenha sido capaz de ajudá-lo a entender melhor os transtornos de ansiedade e como administrar seus sintomas.

O próximo passo é tentar algumas das sugestões e implementá-las em sua vida.

Parte 2

Introdução

Quero agradecer e parabeniza-lo porbaixareste livro.

A ansiedade não é um conceito novo. Todo o mundo já experienciou aquele momento passageiro de incerteza, preocupação, apreensão, e teme que isto venha por esperar uma situação verdadeira ou imaginária, evento ou circunstância.

Você pode estar preocupado sobre o que cozinhar para seus convidados, o que vestir para uma determinada ocasião, encontrar-se com os amigos, atravessando a rua, em uma entrevista de emprego, e assim por diante. É normal. Tal inquietude normalmente dura alguns minutos antes de ir.

Em pequenas doses, a ansiedade é apenas algo ruim. Pode alertá-lo de fato ao perigo, motivá-lo para preparar-se para certas situações e protegê-lo do perigo provocando a resposta "lutar ou fugir". A ansiedade só se torna um verdadeiro problema quando persiste por horas, dias, semanas ou meses.

A inquietude que abusou da sua hospitalidade fica letal, porque vem com certas implicações psicológicas, fisiológicas, e emocionais que podem afetar negativamente a sua vida e trazer-lhe o sofrimento inesperado. Não tem que ser por esse caminho; não tem que viver com a ansiedade. Pode fazer algo sobre ela, HOJE!

Neste guia, discutiremos como reconhecer a ansiedade, como a ansiedade afeta a sua vida, e como podemosderrotá-la e criar um caminho claro para a felicidade.

Obrigado mais uma vez por baixar este livro, espero que goste dele!

Capítulo 1: Compreendendo os sintomas da ansiedade

O negócio é o seguinte: quando se sente ansioso, o seu corpo reage ativando a resposta do stress ou a resposta de "lutar ou fugir". O objetivo desta resposta é fornecer um auxílio acrescentado aos seus níveis de energia e consciência para que possa ter a claridade mental e energia necessária para sair do perigo.

A resposta do stress causa certas modificações no seu corpo. Estas incluem:

• Brevidade de respiração

• Dor torácica

• Sudação

• Tremores

• Sentir-se nervoso, tenso ou agitado

• Dor ou desconforto no estômago

• Percepçõesatordoadas e distantes de si mesmo

• Dores de cabeça

• Sentindo frio ou calor

• Dormências ou formigamentos

• Sentindo-se fraca ou cansada

• Problemas de concentração

• Problemas para dormir

• Parece ter algo na garganta

• Experimento de um sentido de sorte, pânico ou perigo iminente

Naturalmente,pessoas diferentes podem expor sintomas variados. Como já afirmado, uma pequena inquietude é normal. Contudo, pode imaginar os efeitos de estar em um tornado de ansiedade interminável? É o que acontece quando as suas preocupações reaparecem e experimenta os sintomas mencionados acima repetidamente. Os sintomas da ansiedade não param lá:

Outros sintomas da ansiedade incluem:

Preocupação excessiva

A ansiedade e a preocupação vão de mãos dadas. Quando se incomoda excessivamente, os pensamentos vão do razoável ao extremo e permanecem lá. Algumas coisas com as quais pode incomodar-se podem incluir situações como falhar em uma entrevista, estragar um projeto, germes, os seus colaboradores que riem de você ou o seu parceiro que esquece de ir para o encontro à noite marcado. Em outras palavras, pode incomodar-se muito com uma variedade de coisas. O problema com a preocupação excessiva é que ela gasta a maior parte do seu tempo. Também leva a questões como fuga.

Ansiedade social

A ansiedade social é outro comportamento associado com a ansiedade. Quando se preocupa excessivamente com coisas, pode reagir recusando ir a certos lugares ou recusando fazer certas coisas. Você pode:

• Evitar certas áreas com medo da exposiçãoà germes ou doenças

• Recusar fazer os exames de rotina no médico

• Achar difícil conversar no trabalho ou em público

• Recusar convites sociais por fobias sociais

• Usar certos caminhos porque teme áreas reunidas ou passagens por coisas como túneis ou pontes

• Preocupe-se excessivamente com seus erros ou tem o desejo de alcançar a perfeição nos projetos de trabalho em que a aparência esteja em questão

• O medo de fracassar, que pode levá-lo a deixar passar grandes oportunidades

Ansiedade social é somente um caminho de não enfrentar situações potencialmente estressantes. Não o ajuda e em muitos casos, mexe na sua felicidade e possibilidades do êxito. Além disso, aansiedade social também pode criar a dependência.

Dependência

Enquanto criança, foi dependente do seu pai ou guardião para suprir suas necessidades. Agora que é adulto, deve ser capaz de fazer certas coisas sem buscar a ajuda. Infelizmente, a ansiedade cria esta dependência. Faz com que você:

• Faça as mesmas perguntas repetidamente

• Exija segurança até em situações que não ameaçam

• Peça a outros a orientação por tarefas regulares

• Confere com o seu parceiro acerca de todos os tipos de coisas

- Sufoca seu parceiro recusando ficar longe dele ou dela por mais do que algumas horas
- Viajeacompanhado em caso de ter um ataque de ansiedade
- Continua verificando para ver se um amigo de fato o encontrará
- Precisar estar seguro que não adoecerá
- Ainda vive com os seus pais mesmo depois que seus companheiros deixaram as suas respectivas casas parentais e começaram a se sustentar sozinhos

Naturalmente, é comum buscar a ajuda ou buscar o suporte ficando em frente de situações novas ou desafiadoras. Contudo, a ansiedadeleva a ajuda ou o suporte ao exagero. Especialmente, porque também tende a pintar o pior cenário de eventos.

Esperar o pior acontecer

Sofrendo de ansiedade, pode identificar com não somente incomodar-se muito, mas se incomoda a um extremo e no decorrer da sua preocupação, o seu cérebro pinta um quadro cada vez mais sombrio. Assim, é característico para pessoas que se preocupam, esperar sempre que o pior aconteça.

E só piora.

Quando se tem ansiedade crônica, pode começar a tirar conclusões extremas mesmo quando só tem a informação vaga. A sua mente rapidamente projeta o pior cenário. Isto resulta na preocupação de horas sobre a realização até das coisas mais mundanas. Pior, pode começar a não se dar seu devido valor, acreditar que não é digno de ser amado, incompetente, ou até feio. Estes excessos podem levar a um mau funcionamento.

Mau funcionamento

Um ponto da ansiedade é que quando acumulada, ela afeta negativamente todos os aspectos da sua vida, e antes que perceba, estará perdendo atividadese momentos importantes. A ansiedade não afeta apenas sua saúde física, também afeta a sua saúde mental, e quando acontece, perceberá que se esforça para executar os seus deveres. Pode começar a esquecer coisas, esforçar-se para acordar de manhã, esforçar-se para permanecer focado e não conseguir atingir seu melhor. As coisas como socialização com amigos ficarão difíceis a um ponto onde você os abandona.

Isto não é o jeito de viver a sua vida. Contudo, há esperança; não tem de viver com a ansiedade. De fato, pode começar a fazer várias coisas pra derrotá-la. Pode começar abordando técnicas de relaxamento.

Capítulo 2: Técnicas de Relaxamento que o ajudarão a derrotar a sua ansiedade

Quando se está ansioso, o seu corpo inicia a resposta do stress. Esta resposta é muito bem-vinda na emergência porque as extremas modificações fazemcom que seu corpo atue rapidamente.

Contudo, quando se está cronicamente ansioso, a resposta do stress ativa-se constantemente e em vez de ser útil, utiliza muita energia do seu corpo. Gasta-o fisicamente e causa estragos à sua saúde emocional. Infelizmente, pode não ser possível evitar todo o stress. Contudo, você pode aprender como iniciar a resposta de relaxamento.

Como o nome sugere, a resposta de relaxamento faz exatamente isto; traz o seu corpo em um estado de descanso profundo ou relaxamento. Efetivamente devolve o equilíbrio a ambos, o seu corpo e mente. Uma vez que ativa a resposta de relaxamento, a sua respiração diminuirá e seus batimentosirão se estabilizando e logo descansará. Os seus músculos descansarão e a sua pressão de sangue vai se estabilizar ou cairá. Isto significa que ativando a resposta de relaxamento, se livrará da maioria dos sintomas associados com a resposta do stress ou ansiedade.

Há vários modos de começar a resposta de relaxamento. Estes incluem:

Respiração profunda

A brevidade da respiração é um dos sintomas da ansiedade crônica. Isto é porque quando a ansiedade crônica ativa a resposta do stress, sua respiração termina superficialmente na parte superior do seu peito. Respiração profunda desde seu abdome, assegura que flua mais oxigênio nos seus pulmões, levando a menos tensão e assim, relaxamento.

Como praticar a respiração profunda para o alívio da ansiedade e o relaxamento

• Para praticar a respiração profunda, comece sentando em uma cadeira com as suas costas ereta.

• Depois, coloque uma mão sobre o seu estômago e a outra mão sobre o seu peito, e logo inspire pelo nariz. Inspire de um jeitoque a mão sobre a sua área da caixa torácica não se movaenquanto respira profundamente, respirações diagramáticas.

• Enquanto inspira, notará a sua expansão do estômago e a mão sobre a sua área do estômago sairá.

• Posteriormente, expire pela boca mantendo sua mão ainda sobre o seu peito. Sua outra mão, aquela na sua barriga, vai mexer conformeo máximo de ar expirado possível.

• Continue respirando profundamente até que se sinta calmo e relaxado (5-15 minutos normalmente é suficiente).

Meditação consciente

A meditação consciente é um tipo de meditação que desloca o seu foco ao presente. A sua meta é assegurar que se envolva totalmente no momento presente, porque é um dos modos mais eficazes de lidar com a ansiedade crônica. Pense nisso.

Muitas vezes, preocupa-se sobre coisas que já aconteceram ou coisas que podem acontecer no futuro. Isto mantém a sua mente pensando muito nessas questões e repetidamente cria os piores cenários possíveis.

Esse é o ponto; não pode viver no passado nem pode predizer o futuro, não importando o quão preocupante será. O melhor que pode fazer é preparar-se para o futuro, mas continuar vivendo a sua vida presente.

Como lhe permite vivere experimentar o momento presente, a meditação consciente é muito eficaz quando vem oalívio do stress e daansiedade. Mas, o que faz ser conscienteno momento presente implica ou significa algo?

Como ser consciente

A primeira coisa a observar consiste em que o modo mais fácil de praticar a meditação consciente é concentrando-se em uma única ação repetitiva. Esta ação pode ser a sua respiração, um mantra ou a chama de uma vela. Todo o seu foco deve estar naquela única coisa.

Comece indo à um ambiente tranquilo sem qualquer perturbação. Uma vez que está em tal lugar, sente-se em uma posição confortável e logo comece a concentrar-se naquela única coisa. Por exemplo, se decidir concentrar-se na chama de uma vela, olhe a chama sem pensar em nada. Se a sua mente vagar, não se aflija. Em vez disso, devolva o seu foco à chama.

Também pode combinar sua atenção com a respiração profunda. Neste caso, somente precisará concentrar-se na sua respiração. Concentre-se em cada movimentoda sua respiração pelo seu nariz e pela expiração da sua boca. Como sempre, não seja crítico com nenhum pensamento que surgirá durante a prática e não se concentre em nenhum pensamento específico; simplesmente deixe-os passar como nuvens no céu e em vez disso, foque a sua mente na sua respiração cada vez que sua mente vagar e comecea dominar os pensamentos que passam por sua mente. No início, isto tomará muito esforço, mas com prática e consistência, se tornará mais fácil e aprenderá como julgar menos seus pensamentos.

Estar consciente ensina-lhe olhar para as coisas sem ser crítico. Esta natureza vigilante o ajudará a estudar as suas emoções e pôr as suas preocupações na perspectiva, que então o ajudará a diminuir a sua ansiedade.

Movimento rítmico

Associamos o exercício com suor e trabalho duro. Não é tudo o que o exercício é; também é uma ótima maneira de relaxar os músculos, mente e todo o corpo. Os movimentos rítmicos, especialmente, relaxam a sua mente por meio do movimento repetitivo. Alguns exercícios de movimento rítmicos que pode provar incluem coisas como caminhar, correr, escalar, remar, a natação ou a dança. Tais exercícios trabalham para aliviar o stress. Além dos benefícios de alívio de tensões, você pode comprovar a eficácia destes exercícios acrescentando um componente consciente a qualquer exercício físico no qual estará tomando parte.

Aqui está como pode fazer isto:

Bem, chamadas conscientesa você para envolver-se no momento presente. Assim, para acrescentar consciência à sua forma escolhida do exercício, você somente tem de concentrar-se em cada parte do seu corpo e como se sente quandopratica o exercício.

Concentre-se nos seus movimentos e nas várias sensações em seus membros. Concentre-se em coisas como o vento no seu rosto, o seu pé como toca o chão, ou até o ritmo da sua respiração. Isto o enraizará no momento presente e ensinará a sua mente concentrar-se no agora em vez de incomodar-se com outras coisas. Se notar que sua mente se perdeu, não se preocupe; em vez disso, suavemente foque nos seus movimentos e respiração.

As técnicas de relaxamento podem ser muito benéficas quando passa por um ataque de ansiedade. Ajudam abaixar o seu batimento cardíaco e a diminuir a sua respiração. Também abaixam a sua pressão sanguínea. Contudo, quando derrotam a ansiedade, o relaxamento é só o primeiro passo de muitos. A verdade é que para superar a ansiedade crônica de uma vez, precisa mais do que saber somente como aliviar os sintomas dela. Também tem de saber como controlar as suas preocupações.

Capítulo 3: Como controlar a sua preocupação

Como sabe, a preocupação é um dos componentes da ansiedade crônica. Quando a preocupação crônica consome a sua mente, fica ansioso e medroso. A sua mente começa a imaginar os piores cenários e se consome com os 'se's' profundamente.

Como afirmado antes, a preocupação pode ser uma boa coisa se o incentivar na ação. Por exemplo, se se preocupa com o quão preparado está para um projeto futuro, aquela preocupação leva-o a fazer mais pesquisas e ensaiar a sua apresentação, que é uma boa coisa. Contudo, se você se consome com o que poderia acontecer e passa o dia inteiro imaginando o pior em vez de se preparar para o projeto, então aqueletipo de preocupação é problemática.

A preocupação excessiva de fato pode paralisá-lo. Uma razão disto é porque traz com ela muitas dúvidas e medos, aumenta o seu nível de ansiedade a um ponto onde começa a pensar que não tem solução ou não tem como sair de uma situação desagradável ou sente que não há necessidade de tentar porque "vou me ferrar de qualquer maneira". Estalinha de pensamento não é a mais indicada.

As boas notícias são que você tem a capacidade de dar à sua mente uma nova perspectiva e treiná-la a ficar calma até nas situações mais angustiantes. Para fazer isto, deve:

Crie um período de preocupação

Enquanto provavelmente tem muito para preocupar-se, não precisa se incomodarcom essa preocupação cada momento acordado. Pode (e deveria) pôr a preocupação no seu lugar. Um modo eficaz de fazer (preocupação posta no seu lugar) é criando um período de preocupação. Durante este período, pode preocupar-se com o que quiser. Pode preocupar-se com pequenas coisas ou grandes coisas enquanto se está dentro do período determinado.

Isto significa que tem de determinar quando se estará preocupado. Escolha o mesmo tempo de preocupação todo dia e tenha um início e um fim. Isto lhe permitirá seguir o seu dia sem preocupação. Quando a preocupação surgir durante o seu dia — como ocorrerá várias vezes— adio-os.

Adie a sua preocupação

Efetivamente adie a sua preocupação depois do período da preocupação. Note a preocupação e logo coloque-a no lugar secundário. Isto tem duas vantagens.

Em primeiro lugar, deixe o seu cérebro saber que não está ignorando o problema desde que tenha estabelecido um tempo apropriado para pensar nele. Em segundo lugar, isso permite que siga seu dia sem preocupar-se excessivamente sobre o problema. Uma vez que o seu dia termina, então pode começar a preocupar-se durante o período de preocupação indicado.

Só se incomode durante o período indicado

Agora que criou uma lista de preocupações, deve progredir e prestar atenção durante o período de preocupação. Revise todos os itens na sua lista e identifique aqueles que deve se passar mais tempo neles. As possibilidades consistem em que descobrirá que não precisa incomodar-se com alguns itens. Se acontecer, mude ao próximo item. Conforme vai passandopela lista, lembre-se do seu período de preocupação. Uma vez que o tempo está acabando, tem que fazer outras coisas.

Foque na solução do problema

A preocupação não é uma solução. Ela deve alertá-lo de uma situação que necessite de atenção. A preocupação excessiva sem tomar medidas é inútil. Somente alimenta a sua ansiedade e no fim do dia, o deixa sentindo-se infeliz. Em algum momento, tem de partir parte para a solução do problema.

O que é solucionar o problema?

Na solução do problema, avalia-se um problema ou uma situação, e logo decide que passos tomar para tratar essa questão. Contudo, não para aí: tem de "implementar" a solução para o problema (tem de tomar medidas).

Comece estudando as suas preocupações e logo coloque-as em duas categorias. A primeira categoria deve ter *preocupações solucionáveis*. Estas são preocupações que têm uma solução real. Por exemplo, pode preocupar-se que chegue tarde para o trabalho. As preocupações que fazem parte da sua lista de preocupações solucionáveis devem ser todas as preocupações sobre as quais pode-se fazer algo.

As preocupações solucionáveis têm soluções. Para determinar quais são as soluções, façaum *brainstorming*(tempestade de ideias). Indo com o nosso exemplo mais adiantado, enumere várias ações que pode tomar para evitar chegar atrasado no trabalho. Isto pode incluir ações como dormir mais cedo, preparar-se para o seu dia na noite anterior, e programar um alarme. Em outras palavras, não pare no momento da preocupação; em vez disso, crie o seu plano de ação e logo realize-o. Isto diminuirá a sua preocupação e lhe dará mais controle da situação. O que deve fazer em um exemplo onde a sua preocupação não é solucionável?

Se tem uma preocupação insolúvel, a coloca na categoria de *preocupação não solucionável*. Esta categoria deve incluir todas as preocupações além do seu controle. Muitas das nossas preocupações caem nesta categoria. Afetam as suas sensações e fazem-no zangado ou medroso e ainda, há pouco ou nada que pode fazer para garantir o resultado que quer.

Neste caso, tem de aceitar as suas emoções. Não rejeite as suas preocupações. Em vez disso, reconheça que certas coisas o importunam e que as emoções tendem a ser confusas. Isto o parará de auto punir-se ou sentir-se impotente quando a preocupação surgir. Lembre-se de que a ansiedade crônica pode estar paralisando-o. Se reconhecer que há coisas com as quais se incomoda, não precisará isolar-se do mundo somente porque se incomoda com eles.

Aceite a incerteza

A incerteza vai de mãos dadas com preocupações não solucionáveis. A vida é incerta: nada é uma garantia. Na vida, as situações podem modificar-se no piscar de olhos. Tem de aceitar isto. É importante observar que a preocupação é uma tentativa na previsão do futuro. Preocupar-se tem o objetivo de ajudá-lo a analisar situações procurando perigos e surpresas desagradáveis. A sua base lógica da mente é que se você se incomodar o bastante, cobrirá todas as suas bases e controlará o resultado. Isto é uma ilusão.

Pode passar o dia inteiro revisando cenários na sua mente e mesmo assim, a realidade ainda pode pegá-lo ignorando-a. O fato é,você é humano que trata com outros seres humanos imprevisíveis. Dê a você e aos outros um voto de confiança quando chegar o momento de reagir a certas situações. Se ainda se preocupar ou estar ansioso, tem de tomar as rédeas e desafiar os seus pensamentos preocupantes.

Capítulo 4: Desafie os seus pensamentos ansiosos

Para derrotar a ansiedade, tem de desafiar os pensamentos ansiosos. Isto é porque os seus pensamentos produzem preocupações e medos que podem levar à ansiedade crônica. Se vocêse envolver em pensamentos ansiosos, começará a pensar que qualquer pensamento negativo que possua são fatos. A sua mente tirará conclusões e logo, começará a duvidar de você e da sua capacidade de resolver problemas.

Deste modo, o que pode fazer para prevenir isto?

A primeira coisa que tem de fazer é reconhecer quando estiver com atitudes pessimistas ou distorções cognitivas. As distorções cognitivas incluem coisas como:

Super generalização:não deve generalizar situações baseadas em um encontro negativo ou experiência. Coisas mudam. As circunstâncias diferenciam-se e as pessoas crescem. Deve analisar cada situação com os seus próprios méritos.

Conclusão precipitada: Desde que não seja um leitor de pensamentos ou um adivinhador, o único modo que pode saber realmente o que alguém está pensando é perguntando a pessoa. Antes de conclusões precipitadas ou tomada de decisão, dê uma olhada crítica nos fatos.

Esperar o pior: Esperando o pior acontecer não lhe dá uma vantagem ou mune-o para tratar alguma (ou uma) situação. Em vez disso, somente alimenta a sua ansiedade e paralisa-o no medo. Pode perder muito porque deixa o medo do fracasso assustá-lo em não tentar realizar algo.

Ver coisas no preto ou no branco: Como dissemos, os seres humanos não são perfeitos. As situações são raramente previsíveis. Se vir as coisas no preto ou no branco, vai se desapontar na vida. Tem de dar lugar para erros e compromissos.

Auto rotular-se:não se rotule baseado em fracassos. Os fracassos não o definem. Não o fazem um perdedor. Somente significam que tem de determinar outro modo fazer as coisas. Tome-os como lições.

Concentração nas negações: Se apenas se concentrar nas negações, vai se frustrar constantemente. Isto é porque não verá todas as coisas nas quais teve sucesso de fato. Toda a sua atenção estará naquela única coisa que não saiu segundo o planejado.

Diminuir as suas realizações:não deve rejeitar ou diminuir as coisas positivas ou eventos na sua vida. Não os atribua à sorte ou chame-os de acasos. Em vez disso, aceite-os e permita sentir-se orgulhoso das suas realizações.

Ter uma lista de 'deveres' e 'não deveres': Se for muito duro com você mesmo, pode punir-se porque não alcançou a perfeição. Se fizer um erro, tem de reconhecê-lo e aprender com ele. Constantemente revisar o erro e punir-se tem o efeito negativo.

Personalização: Personalização é algo que muitas pessoas fazem. Culpam-se mesmo quando não tinham controle sobre a situação. Deve abster-se de assumir a responsabilidade por resultados ou situações fora do seu controle.

Sensações confusas com a realidade: Por exemplo, se está sentindo-se assustado ou amedrontado, pode começar a pensar que está no verdadeiro perigo físico. Mesmo caso quando experiencia um ataque de ansiedade ou de pânico. Em tal situação, precisa lidar com o fato e força-se a reconhecer coisas ao seu redor para que possa voltar à realidade. Por estes caminhos, será capaz de contrariar o raciocínio emocional.

Quando experimenta um pensamento ansioso ou de pânico o interrogue para ver se cai sob alguma destas categorias de distorções cognitivos. Se assim for, tem de lembrar-se que tais distorções não são realidade. Isso só alimenta sua ansiedade. Deixe-os ir.

Outra coisa a fazer quando enfrentar um pensamento ansioso é detalha-lo. Tente fornecer o máximo de contexto e detalhes possível. Estes caminhos, podem começar a questionar o pensamento para determinar se é verdade ou não. Se se assustar, persista e determine a probabilidade da situação ou doevento ocorrido e vá checar se há outras possibilidades. Isto fará com que pare de fixar nos piores cenários.

Adicionalmente, pergunte-se o que diria a alguém com os mesmos pensamentos. Isto o ajudará a ganhar a perspectiva e parar os seus pensamentos de esmagar você. Desde que tendemos a ser mais difíceis em nós, muitas vezes cobrimos a nossa capacidade pensadora, e assim acabamos tomando más decisões. Se, se retirar da situação, começará a vê-la em uma nova perspectiva.

Outra coisa que pode fazer para derrotar pensamentos ansiosos é cuidar de você.

Capítulo 5: Derrote a ansiedade cuidando de você

Não importa quantas coisas te preocupam, não deve negligenciar-se. De fato, se priorizar o seu bem-estar, terá menos para estar coisas para ficar ansioso. Para acompanhar o seu cuidado de si mesmo, pode fazer coisas como:

Exercício

O exercício é bom para a sua mente e corpo. É especialmente eficaz no momento doalívio da tensão e do stress. Também potencializa a sua saúde mental e melhora a sua memória e raciocínio. Quando exercitar-se regularmente, terá mais energia e dormirá melhor. Adicionalmente, o exercício melhora a sua autoestima e elasticidade. Todos estes benefícios fazem o exercício um grande tratamento contra a ansiedade.

Para beneficiar-se do exercício, não tem de fazer exercícios físicos vigorosos. Pode começar com movimentos simples como caminhar. Comece com um passeio de 10 minutos e aumente daí. Combine o exercício com o as técnicas conscientes para melhoraros resultados. Isto o ajudará a concentrar-se nas sensações que experimenta como enquantopratica o exercício em vez de focar nas suas preocupações.

Se estiver indo praticar o exercício, não o deixe ao acaso. Em vez disso, determine qual exercício fará e qual horário o fará. Também, adquira a roupa apropriada e defina vários objetivos para manter-se motivado. Também pode criar um sistema de recompensa para que possa recompensar-se sempre que consiga uma determinada meta. Assim que começar a gostar dos benefícios do exercício, achará mais fácil praticá-los regularmente.

Descanse um pouco

Como uma pessoa ansiosa, pensará muitas vezes em tudo e nos processos, negligenciar soluções óbvias. Isto acontece porque quer cobrir cada cenário. Como resultado, termina não apresentando um plano claro da ação que o ajudará a encontrar soluções de várias questões.

Adicionalmente, em vez de fazer um plano da ação, pode concentrar-se em revisar todas as coisas que tem de fazer sem realizar de fato algo. Isto não deve estimular-se.

É por isso que tem de descansar um pouco de vez em quando. Isto lhe permitirá reabastecer novamente o seu corpo e mente. Os intervalos regulares dão-lhe o tempo para absorver a informação e focar o seu pensamento. Por este caminho, pode passar mais tempo achando soluções em vez de concentrar-se nas suas preocupações.

Faça algo que goste

A ansiedade não é boa para as suas emoções. Tende a roubar sua alegria e felicidade. Isto pode fazer os seus dias sombrios de fato. Pode recapturar um pouco daquela alegria fazendo algo que goste de vez em quando.

Pense em algo que você realmente goste de fazer e como o faz sentir-se. Uma vez que tem em mente esta coisa ou atividade, encontre o tempo necessário para fazê-la. Por exemplo, se gosta de ler um livro, pode deixar de lado alguns minutos cada dia para satisfazer-se com a leitura. Isto vai te distrair sobre as suas preocupações e o deixará com aquela boa sensação que vem de saber que não se negligencia.

Durma

A importância do sono não é algo que podemos subestimar. Se não tiver sono adequado, pode terminar provocando a ansiedade. A dívida do sono leva à resposta de stress e os sintomas acompanhantes. É por isso que é essencial que durma o necessário toda noite. Para melhorar o seu sono, pode fazer várias coisas. Pode:

Determine o seu período de sono –para aproveitar o seu sono, deve assegurar primeiro que terá bastante tempo para dormir. Isto significa que deve determinar que horas irá dormir e que horas vai acordar. Essencialmente, se dorme direito, deve ser capaz de despertar-se sem a ajuda de um alarme. Se, se esforçar para acordar, deve dormir um pouco mais cedo. Se ficar agitado e virando antes de adormecer, deve considerar o dormir um pouco depois. Uma vez que compreender o seu período de sono ideal, o mantenha.

Não durma até tarde – pode querer dormir mais especialmente durante os fins de semana, mas realmente deve evitar fazer isso. Isto porque o sono em excesso estragará o seu ciclo do sono. Se foi dormir tarde, deve despertar-se no tempo habitual e usar uma soneca de tarde para compensar a dívida do sono.

Assegure-se de tirar uma soneca inteligente sempre que assim o fizer. Não deve cochilar mais de 15-20 minutos. Evite cochilar de manhã ou algumas horas antes da hora de dormir. Se ainda se sentir sonolento depois de uma soneca de tarde, encontre algo para fazer e espere para ir dormir no tempo indicado à noite.

Melhore o seu ambiente de sono – o seu ambiente de sono afetará a sua qualidade do sono. A sua cama deve ser para o sono. Não deve usá-la como uma extensão do seu lugar de trabalho ou entretenimento.

Além disso, deve manter o barulho no seu quarto baixo e assegurar-se que o seu quarto é fresco e bem ventilado. Muitas pessoas dormem melhor com a temperatura em 18 graus C. Tente isto e ajuste as configurações de temperatura consequentemente depois de algumas noites da experimentação.

Crie um ritual na hora de dormir – outra coisa que pode fazer para melhorar o seu sono é criar um ritual na hora de dormir. Um ritual na hora de dormir compõe-se de coisas da qual estará na sua hora de dormir. O seu ritual da hora de dormir pode incluir a preparação para o dia seguinte, a leitura de um livro, tomar um banho quente, escutaruma música suave e escurecer as luzes de noite. Tente praticar o mesmo ritual toda noite. destejeito, o seu cérebro vai se preparar para o sono.

Antes de mais nada, aprenda a adiar suaspreocupações ou até desenvolver ideias durante a hora de dormir. Se tiver um pensamento difícil, somente o anote para depois (sempre deve ter um caderno ao lado da cama) e descanse. Tratará com ele depois de aproveitar uma boa noite de descanso.

Fique ligado

Não deve criar o hábito de isolar-se especialmente quandose sente ansioso ou estressado. A conexão humana é especialmente eficaz no momento de acalmá-lo quando se está estressado. Se se preocupar com algo, simplesmente falar sobre isso pode fazer as coisas mais claras na sua mente e iluminar a sua ansiedade.

Em vez de isolar-se, comece amizades com pessoas de todas as idades. Tome parte em atividades de grupo como caminhadas ou uma classe de ioga. Escute atentamente como os outros lhe dizem do seu dia e as suas esperanças e sonhos. Isto o ajudará a pôr as suas preocupações na perspectiva.

Se adotar o costume de cuidar de você, verá que tem mais do que só preocupação em você. Aprenderá a abraçar a sua vida e encontrar a felicidade no momento presente em vez de prender-se ao passado ou temer o futuro.

Conclusão

A ansiedade tem o seu lugar e tempo. Quando vem em pequenas doses, pode usá-la de fato em seu benefício, investigando as suas preocupações e medos e determinando qual a melhor solução para os seus problemas.

Contudo, a ansiedade não deve consumir uma enorme porção do seu tempo. Isto acontece porque quando permite que a ansiedade normal se torne crônica, vem com sintomas físicos e mentais que trabalham para suprimir a sua felicidade. Se estiver preocupando-se constantemente, não terá tempo para abraçar a sua vida ou vive-la na sua totalidade. É por isso que é importante pôr as suas preocupações em perspectiva e encontrar vários modos de descansar. Se fizer isto, derrotará a ansiedade e encontrará a felicidade.